poemas do instante

robson alves de almeida diniz

Copyright © 2023 by Editora Letramento
Copyright © 2023 by Robson Alves de Almeida Diniz

Diretor Editorial Gustavo Abreu
Diretor Administrativo Júnior Gaudereto
Diretor Financeiro Cláudio Macedo
Logística Daniel Abreu e Vinícius Santiago
Comunicação e Marketing Carol Pires
Assistente Editorial Matteos Moreno e Maria Eduarda Paixão
Designer Editorial Gustavo Zeferino e Luís Otávio Ferreira
Revisão Ana Isabel Vaz
Capa Memento editorial
Diagramação Isabela Brandão

Todos os direitos reservados. Não é permitida a reprodução desta obra sem aprovação do Grupo Editorial Letramento.

Dados Internacionais de Catalogação na Publicação (CIP)
Bibliotecária Juliana da Silva Mauro - CRB6/3684

A447p   Almeida, Robson
Poemas do instante / Robson Almeida. - Belo Horizonte : Letramento, 2023.
66 p. ; 21 cm. - (Temporada)
ISBN 978-65-5932-420-0
1. Poema. 2. Instante. 3. Tempo. 4. Amor. I. Título. II. Série.
CDU: 82-1(81)   CDD: 869.91

Índices para catálogo sistemático:
1. Literatura brasileira - Poesia 82-1(81)
2. Literatura brasileira - Poesia 869.91

LETRAMENTO EDITORA E LIVRARIA
Caixa Postal 3242 – CEP 30.130-972
r. José Maria Rosemburg, n. 75, b. Ouro Preto
CEP 31.340-080 – Belo Horizonte / MG
Telefone 31 3327-5771

É O SELO DE NOVOS AUTORES
DO GRUPO EDITORIAL LETRAMENTO

Poema pós-moderninho

Não quero a liquidez dos instantes instantâneos
Não anseio a velocidade da palavra amarga.
A exclusão, agudizada pela realidade viva.
A incerteza do porvir sobre a vida intestina
que expele miséria pelos poros.
A precariedade permanente de uma involução inconteste.
Não quero, não vivo. Duvido.
Divido a angústia de reinícios e reencontros,
compromissos quebrantáveis.
Consumo o passado como condição de
possibilidade e esqueço repentinamente
Os modos e hábitos cotidianos, e a crise cai,
Desabando sobre a atuação infeliz, dificultada
pelo emergir da tua individualidade.
Teus amplos espaços apresentam o acúmulo
imenso de mágoas e ansiedades.
Felicidades compram-se no mercado da solidão.
Eu. Tu. O nós, há muito se foi.
Morremos pela presença do nada social.
O devir te usurpou, forjou tua existência,
que é viva e pulsante.
Apenas tu, continua a ser, a exceção de tudo que te contém.
Tempo.
Rapidamente se faz.
As léguas passadas não correspondem aos dias que andei.
Teu espírito é fugaz. És fugaz.
Tudo muda com razão, mas tu permaneces mutante.
Impiedosa
Sem rumo
Sem nexo
Acontece
Esplendorosamente plural

— poemas do instante   3

Cidade Luz

As ruas que te constituem são a
constituição da minha vida inteira.
Terra de minha luz.
Luz de um caminho estreito e limitado.
Percorro teus becos encurtados e percebo tua
imensidão, a largueza da tua história.
Terra de minha luz.
Assoberbada de si mesma.
Invisíveis são as tuas muralhas invioláveis
que refletem o estandarte de teu povo,
vibrando e flamulando pela vitória
cotidiana dos sobreviventes.
Não deixes que a oficialidade te enquadre
numa moldura inflexível.
Tu és vida.
Viva como a noite mansa e incauta, inebriada e profana.
Cidadela que glorifica o ardor dos seus. Que
martiriza o passado, que imortaliza tua sombra.
A alma que me veste é tua.
És também a loucura de viver em ti, para ti,
num prazeroso existir que me agarra sem frescura,
impedindo minha intrepidez de menino
filho do tempo que sou de ti.

Sangrando pelos dedos caroçudos,
transcrevo a futilidade dos teus atos insensatos
e dos meus atos imbecis.
Aceito-te como nunca serás.
Aceito-me como nunca, jamais.

Os músicos espreitam silenciosamente a vida,
tristemente.
Carregam em si as volúpias do mundo.
Entonando os acordes inertes,
flui no salão a convergência
de canção e paraíso, como o que rompe o
horizonte virginal de todos os dias.
Também a imitação daquilo que só existe no divino,
fazendo vibrar as frequências da alma,
nos seres em que tudo é angústia.

Quero ser e morrer poeta!
Poeta das manhãs, das tardes inteiras.
Da noite, principalmente.
Além disso, da madrugada.
Que inflexivelmente chega,
Onde ardem os gênios,
Onde queimam os corpos,
Onde se elevam as almas,
Onde o sexo reina, espumoso.
Poeta quereria morrer,
Como Vinicius, apesar de tentar,
Apesar de viver.

O tempo já não permanece
Furtivamente vai e escoa como chuva
Torrencial no coração sertanejo.
A sucessão de instantes inconstantes derruba
qualquer rigidez da realidade
E vivo morrendo mais rapidamente.
Fluindo, leva a vida.
A lembrança esvai-se ou aglutina-se.
Já não sei mais, se existo ou vou morrendo.

Angustiado, espero o silêncio dos seus olhos
Carregados dos ventos do norte
Da calma manhã que se abre gaiata.
No fundo, são elas esmeraldas antigas
Que nunca forjaram a dor e a ira.
É passagem para imensidão do ser-em-si,
Ilimitados e fatigados pelo que te refletem.

Enegreço as noites com tuas faíscas.
Enquanto bebo água, a lua faz queimadura e me veste.
Há quantos dias queria te escrever,
Que de tão dourada pela luz da divindade profética,
Incita a revolução dos mártires.
És revolução, golpe, machado que alisa.
És dia e noite, nunca tarde
Que é morna como bicho satisfeito.
És tempo.
A tolice humana não me legou a loucura de deixar-te.

O silêncio é o contrário da tua chegada.
Pegada, na fortaleza do quarto.
Marco a minha boca no corpo.
Morto, do cotidiano. Respiro.
Firo a sua alma.
Trauma, ou loucura.
Obscura, vai embora.
Em outra hora, virás novamente.
Sempre intempestiva, quebrando a calmaria.

Cubro tua voz com um beijo
lascivo que te engole, como tu,
também o fazes.

Cubro teu pensamento com carícia
libidinosa que te esfrega, como tu,
também a respondes.

Cubro teu seio com a pegada
contundente que te apanha, como tu
também apertas.

Contra mim, teu corpo se abandona
que em transe se abate,
na volúpia do instante,
se eternizando na sensibilidade dos sentidos
e materializada na antropofagia dos sexos.

Eu vejo flores em meu caminho
Traçado pelas ruínas do ser
Caminhando pelos destroços do eu
Eu vejo flores em meu caminho

Suando em busca do ideal
que se afasta ao chegar perto
tortuosa estrada da liberdade
que me condena a cada escolha,
a cada beco, a cada trecho.

Pedras angulares rasgam a fina pele dos pés
cujo sangue purifica o chão
tendo a dor e o sacrifício estabelecido
o ritmo das minhas pegadas

Mas sempre vejo flores em meu caminho
a mostrar que não é em vão.
Estrada íngreme, ladeiras em que passarão
sôfregos, todos um dia acharão
seu próprio horizonte,
com um buquê de flores na mão.

Entumecidas, as bocam se chocam
Sob a neblina pouca que veio abafar
Os sentimentos lívidos da maioria

No encontro marcado entre os tempos diferenciados,
os corpos se entrelaçam ao estalar de ruídos inaudíveis.

E vem o gozo!

Embevecidos de amor e repulsa,
sentem o divino farfalhar nos ouvidos...
Silenciosamente...

Não te revele o idiota existente
Que no caderno virtual
Despeja a própria convenção
Aplaudindo os dementes
Distorcendo a ciência
Pois o *feed* passa
Mas a lembrança não

Sopesamento inexistente
Entre a estúpida opinião
E a pós-verdade da ilusão.

Nódoa que destaca
O amontoado de coisas e indivíduos
Inertes e amorfos, respectivamente.

Trago teu perfume como sigo a noite,
clareada,
pelo luar místico do tempo perdido

Ver-te é espinho na luz
Que machuca com volúpia o reflexo

Sinto teu caminhar sobre qualquer coisa
Ao penar de uma caminhada enfadonha

Como cigarro falsificado, fuma-me
Sente o queimar dolorido nos brônquios tubulares.
Sente-me entrando em ti,
sem querer nada mais que te fazer mal.
Um mal na tua visão
turva de mulher ofendida
por fumar pouco e querer provar
a fumaça mais profana a te fazer mal.
Um mal querido, desejado,
Um mal ínsito a tua vida melancólica.

Toco seu cabelo.
São espumas que se vão com o sopro
E amplia a angústia de nunca ficarem.
Como-te como chupo um fruto colorido,
com uma fome perversa,
como um ávido rabisco na história
da tua sequiosa existência.

Canto.
No canto estreito, canto.
Contabilizando minhas notas,
conto.
Silabicamente, reconto.
No recanto, sozinho.
Passando o som da liberdade.

A noite te traz, vulto sombrio.
Engulo seco a saliva com gosto de vinho seco.
As possibilidades na vagueza das horas
tranquilas amesquinham-se
E entrego-me totalmente à molecagem da madrugada
Infantil e cortante.
Úmido e lânguido
meu corpo escorre a essência virginal
de uma mulher realizada,
após o gozo espumoso e espesso

Dormes tu silenciosamente,
Amanheço eu, como o dia
Alegre, vivo, satisfeito,

Cheio de mim.

Entro no quarto
Sinto o cheiro pesado do ar qualificado
com notas de amor comprado
como quem utiliza um guardanapo usado

Mastigo com os dentes arranhados
o sabor das línguas ásperas e amargas
que se acumularam num instante
magicamente instantâneo, em ti.
Momento de repugnância.

Insipidamente, vou embora
com a lembrança de um afeto descartável
que nada mais gerou, além de remorsos e asco.

Durmo o sono injusto,
na esperança que tudo recomece
sem que as constantes preocupações opacas
venham fustigar minha ignóbil consciência.

E amainaram as aflições...

É noite.
As estrelas tentam ineficazmente a atenção.
A penumbra consome o espaço vazio do aconchego.
A cegueira não permite sentir o brilho da ilusão.
É noite no meu coração.

Na paisagem poeirenta da seca amarela
os arbustos cinzas são a única imagem.
Todos ao sol.

Vacas tentam contra a morte
que espreita os singulares ramos.
Esperança de vida.
A garganta aperta à falta d'água.
O coração titubeia.

Os olhos voltados ao Divino
anseiam a nebulosa nuvem
que insiste em não chegar,
e chegando, não se derrama
em lágrimas angelicais,
impotência de vida.

Ouça o tempo
Sinta o vento
Pra onde corre

Coma o dia
Com a ânsia da fome
Ouça o tempo

Sinta o vento
Ao correr da oportunidade
Ganhe a vida

Vida leve
Sem grades ou correria
Coma o dia

Com a ânsia da fome
Ganhe gente
Ganhe a vida
Perca-se

Toda manhã constrange-me a refocilar a inquietude de existir.

Entre os opacos espaços existentes
Corpos fundem como magma dominante.
Detonam a paisagem, alucinam os instantes,
distam as angústias.

Intolerantes ao infinito que não lhe cabem,
Murmuram e solicitam mais abrangência.

Tempo e espaço se curvam
como a reverenciar a entidade que não escuta.
Amorfos, derretem e consomem a realidade.

Passado e futuro se acoplam.
Desejos convergentes, desfazendo-se, a criar o agora.
Fato fundante.

Consumo o suor
Como o ar
Respiro o olhar.
Em mim, a entrega dá-se por dever.
Dever do amor obrigacional.

Gosto do amargo
pelo que ajuda contra a náusea
da punição de viver
prisioneiro da liberdade fabricada

Também gosto do doce
que auxilia na lembrança do amargo.
Todavia, só presta aqui, acolá…
Caso contrário, perde a graça de ser.

Paredes
Paralelas
Encurtam
A vida

Telhas
Danificadas
Sombreiam
O tempo

Chão
Quadricular
Guia
À porta

Porta
Saída
Ou entrada
Da existência circular

A noite sempre vem
a fustigar meus desejos sequiosos
a escurecer a realidade
na penumbra da solidão

A noite sempre vem
a afastar a luz,
a resfriar o chão,
a pontilhar minha obstinação

A noite sempre vem
com seus brancos fantasmas
que irrompem o quarto obscuro
em busca de desilusão

Vieste tu, uma noite,
para matá-la.
Vieste tu, e tudo se reduziu a nada.
Vieste tu, a iluminar a estrada escura.
Vieste tu, reavivar a alma.

A leveza do amor nos evidencia a certeza.
Como um punhal, entrando em meu peito ávido de sua
[presença,
A minha vida cortada em pedaços desiguais.
Ao correr do tempo, a imagem de sua face me recorre à
[felicidade de estar vivo.
Sonhando, a história se concretiza, implementando-se aos
[pouquinhos,
Mesmo absorvendo a obviedade que o tempo não há de
[envelhecer o brilho dos seus olhos.

Não deixarei que morras,
que és linda e inquebrantável.
Não toleras atitudes tolas,
de covil que pensa insuperável.

Não deixarei que sofras
a depender deste servo obediente,
que te venera acima de todas
aquelas moças pungentes.

Não deixarei que sintas,
o riscado, na pele, de tintas
de uma tatuagem assombrosa.

Fervoroso, luto calado,
que se renove o estado
numa vereda exitosa.

Anseio algo que é qualquer coisa
Que me tire do cotidiano cru,
Fiapo de vida.
Aguçando a vontade, elevação à harmonia.
Que ingenuidade!
Tudo está triste como uma tarde de domingo.

Enquanto rabisco sentimentalidades,
a falta de perspectiva acompanha a luz da janela.
Sobre o desgastado, imortal e explicativo espírito,
irrompe a náusea à espera do porvir

A ilusão de ser aglutina-se aos irritantes instantes cuja alegria
[esvai-se e solapa a memória,
Que, em fragmentos, permanece como lembrança.

A condição da existência experiencia a solitária e profana
[investigação
daquilo que vivemos.
A ilógica busca de sentido da vida não retrata uma resposta à
[altura da questão.

Viver, apenas isso. Viver e viver. A inexplicável condição
[humana.

Poema pra Maria

Maria gordinha
Que de tão gordinha, é fofinha;
Que de tão fofinha, é uma gracinha.
Poema de Maria

Poema de Maria
Cujas dobras infantis são o riso inocente dos que a amam;
Cujos olhos granjeiam o curto horizonte de brincar.
Projeto de gente e de vida.

Conserva-te assim:
sempre alerta ao que te faz gargalhar
e inquieta.

As palavras estão em mim
Assim como o belo existe em algum lugar.
Processo engenhoso.
Chegam-me como doação divina e se encaixam, seres vivos.

Poema é sempre um descobrir-a-si-mesmo.
É desanuviar a poesia existente.
É a essência da palavra.
É captação.
É sopro nos ouvidos
e um sentir misterioso que faz esfriar a nuca suada.

Ode ao Silêncio

Meus ouvidos colorem a reunião
Com pinceladas de dor, cinza e vermelho.
Na agudez da fala inoportuna,
Tremo abaixo dos trópicos,
Cozinhando minhas orelhas abertas da américa latina.

Talvez, elas sejam as doloridas e dominadas pelo som operário,
De uma frequência gutural.
Impossível não sentir a vida encurtada pelos meus órgãos
                                                    [auriculares.

Respeitem silenciosamente o meu silêncio!

Enterro

O sibilar do sino anuncia
chorosas vozes, lágrimas caindo,
murmurando baixinho Ave-maria,
o enterro vai-se indo.

Todos na rua param para espiar,
o ror de gente seguindo o caminho,
com fé na ressurreição, mulheres a chorar,
o enterro vai-se indo.

Jesus Cristo é o nosso Senhor,
cantamos nós com louvor,
os mistérios gozosos de nosso Pai.

O enterro vai-se indo,
a família o vê partindo,
Pela última vez, o corpo vai.

Aconchego-te junto ao corpo
suado, toco-te com pouco esmero,
bêbado e com o dedo solto
Nat King Cole, apenas um bolero.

Olham-me todos com surpresa,
no momento em que te dedilho.
Cerveja e petiscos de bar sobre a mesa
Buscando nos versos soltos o improviso

Violão, meu braço terceiro,
somos um só, sou teu meeiro
de um todo rincão

Leva-me nas madrugadas
com as meninas embriagadas
no caminho da perdição

Perfume de mulher

Quando o vento traz a lembrança
De um momento eterno, crucial
Sente-se uma dança, e mansa
Nos órgãos, um valor sentimental.

É o sabor daquele infinito momento,
Que é sentido por todo corpo.
Pensamento solto, pode até ser sofrimento
De um amor que nasceu torto.

Perfume de mulher, incenso celestial
Que brota da pele sabor sem igual,
Fazendo a gente se esquecer

Suspiro profundo, recordações espectrais
Nascem em mim, sempre mais e mais
Incitando-me tal perfume beber.

Soneto dela

Numa soturna noite argêntea
Conheci-a pura, dura e doce.
Cabelos pretos e soltos, sem vê-la,
Como um boêmio embriagado fosse.

Desde aquele curto momento, tempo
Em que meu corpo pôde estremecer
Após períodos de eterno tormento
Em meu seco coração parecia chover

Não posso buscar o futuro
Tampouco quero o escuro
Que vivi antes de te encontrar

Minha desconhecida, minha incerteza
Por tempos, quero-a. Sua beleza
Jovial, um dia, comigo ficará.

Soneto pra ela

Por trás das altas montanhas,
Num bosque inundado de rosas,
Encontro felicidade e alegrias tamanhas,
Onde vive a mais pura moça.

Um dia a conheci. Uma flor,
Daquelas cheirosas, brancas e alvas.
O sol não perdoava, com calor,
A queimar com furor a minh'alma.

Paisagem era bela, mas tu,
Ainda mais, muito adorável,
Dama da noite vestida de lua.

O meu peito suspirando só,
Um sentimento rasgando, que dó,
Encontra-se em mim, quero-te nua.

Terça

Tragada profunda e seca
A espera do malte mais puro,
Suspiro cansado rente à mesa
Semanalmente sinto-o e te apuro

Ao redor, o mundo que nos cerca
De uma alegria sempre constante
Como filhos que herdam,
Do pai satisfeito, uma amante.

Terça do meu bem querer
Jamais posso te perder
Algum dia, para meu penar.

As amarguras que um dia vivi
Ditas ao vento, por favor, mais uísque,
Para que possa, solitário, viajar.

Receio
Nos seus olhos apertados
Quando me sorriem
A perguntar pelo insólito encontro
Que uniu esperança e desejo

Receio
Os seus olhos apertados
Quando me sufocam
Ansiosos pela resposta inequívoca
Que teima em não ser dada

Recreio
Nos seus lábios generosos
Que se abrem
Que me molham

Recrio
O sentido e o ressentido em mim

A lua na porta testemunha
A inscrição da sua assinatura
No meu corpo cansado
De tanto andar por aí
Em busca de mim mesmo.

Dá-se assim,
os risos não se encontram mais
nem as divergências inúteis.
O silêncio angustiante se faz.

Tudo era como se foi...

Verão filho da puta,
os caminhos não me levam a ti,
chove dentro de mim.

Dói o sonho ao acordar,
Mal-educada a luz,
que entra sem pedir licença.

Em realidade, sonhar também dói,
posto que a espera daquilo que ainda não é
tritura a angústia da esperança.

Insólito instante,
das bocas espalmadas,
dos braços estirados,
do adeus,
das mãos suplicando Deus.

Sempre é possível esperar o imprevisível.

Noite lisboeta

Entro na rua rosada
com as alegrias estrangeiras de menino danado.
Encontro o mundo e as paisagens,
nas faces encapsuladas pelo vinho seco e metropolitanas.

Enquadro a superfície na saída do comboio
com os pés no chão artesanal e quadricular retorno
à magia de estar em ti.

Entre os ruídos do Chiado e fados distantes, há comunhão de
[sangue e espíritos.

Persigo poesias em tuas ruas.

Consigo deixarei as minhas falas cantadas
entorpecidas pela crueza das tuas vozes...

Em ti reconheço a morte
longínqua porém certeira
que um dia vencerá minha sorte,
que um dia ganhará a empreita.

Em ti mesmo morri várias vezes
na existência sensorial
que antecede o agudo gozo,
ainda que efêmero e instintivo instante.

A vida é azul
assim como o céu
em seus olhos castanhos
vibrando nuvens
que passam,
envolvendo meu corpo pesado.

Sempre cri no tempo
com o passar lentamente
de seus afagos
como a brisa
de suas mãos noturnas
a dar pequenos testemunhos
na minha cabeça pesada.

A palavra-fato viveu
no instante de agora, só há
o existir que deixa ser-estar
no minuto seguinte,
em que na vida se acumulam fatos mortos.

A terra resplandece
a luz e a secura carregada de névoa poeirenta,
que quando esquenta,
a única armadura
é a agua barrenta dos açudes sertanejos.

O sol e a seca traçam o destino daqueles que vivem sob
[seu julgo.

Ao som flutuante do vozerio difuso da manhã,
que maltrata o sossego dos injustos também,
trajeto imperfeito,
esburacado pelos tempos inertes dos incompetentes.

Engolindo a saliva como uma cachaça amarga,
que apura uma realidade avermelhada,
escaldante,
retirante.
Retira a tranquilidade alienante que me embala todo.

Quando o dia fica triste,
a burrice da conformação
Inunda a alma esperançosa.
Busca inútil.
Trajeto imperfeito,
ao estabelecimento das incompetências esburacadas.

Ao dar adeus à luz
desanuviam os sonhos
ardendo os corpos
No vazio do quarto escuro
à procura
à espera.
Áspera noite,
no retorno de tudo que foi vivido
circuladamente.

Final de ano respinga sua ironia: a passagem transformadora
[de segundos contáveis
refletidos na vã esperança de outros tempos.
Afinal, tudo vai mudar, tudo deve mudar, tudo!
Apesar de mim mesmo.

Espumas da manhã
cristais umedecidos
ventania que leva
felicidade efêmera.

É chuva que brota
dos capuchos divinais
e enxaguam os sonhos e a fome
dos que têm sede.

Moldados os obtusos sentimentos
Enquadradas as posições mecânicas.
Adiante, somente o farfalhar das pernas enrijecidas nos
[tornando
autômatos da pseudo-vida.

O mar embala o sonho
risonho que mata o estranho
ruído de sua boca
à espera veemente
do toque mais sutil

Faz ferida rasgada
conjugada, espalmada
o imoral beijo contundente
reticente, seu canal
vaginal escorre o muco
espesso do regozijo.
Riso colorido.

A rede que nos envolve trabalha com fúria,
suportando os corpos flamejantes e a brisa fria do sopro das
[águas de Iemanjá.

Ilimitados pelo tempo
se demoram na dança improvisada das vontades...
Iluminados pela fome acumulada
se desconhecem, posto que são bichos.

Na boca da noite
Pela rua imensa
Sob o véu das angústias
Vagueia tranquilamente

Impossível não perceber o som da ave noturna, camuflada
Que reina
Sobre as casas malditas

O chão sujo da cidade oportuniza
Caminhante solitário
Pensamento solipsista
Flanar, se encontrar

Esquinas se curvam
Com os tambores repletos de vida morta
E resquícios das mortas vidas
Existentes, escondidas

Cidade fantasma
Que me agasalha
E de frenesi me premia
Na boca da noite
Escura, sombria

Temores
Tremores
Tambores
Amores

O rei-sol acabou de mendigar o seu lugar ao sol

Na tocada do dia
Acordo
Sonâmbulo
Movido pela fome
Costumo correr pela vida
Cujo espaço estreito
Vacila os passos
Apesar do tortuoso caminho
A estrada cumprida
Me leva a uma certeza
Na tocada do dia
Reflito a vida fugidia

Quando menino, comia sonhos
Hoje em dia ainda os como
Mas não matam a fome
Me matam...

Entre as cortinas da sala
Numa cadeira de vime
Te encontro explicitada
Um quadro que se exprime

Diz-me se te atrapalho
Mesmo a espiar de longe
Da porta pelo buraco
O cenário de corar um monge

Desnuda
Musa
Da minha visão

Matizada de desejos
Na fricção dos seus dedos
Apetecidos, não param

Demora
Pois quando chegas
As coisas se curvam sem importância
Sobre a tua luz

Fica
Pois quando sentas
O mundo respira aliviado o perfume
E vida imensa te agradece

Exista
Em mim já és realidade
Encarnando a beleza e volúpia
Resoluto te aceito

Por fim
Te entregas
Quando a noite se envergonha
Quando os sonhos são
Quando os corpos tombam
No caminho onde tu dominas
Triunfante e fatigada

Se a poesia é inútil
E a palavra não vale
De que adiantam as rosas
De que adiantam os mares

E a pequena estrofe
Em que se falam verdades
Sorrateiras ou contundentes
Na alma, à rima o som invade

Não há inutilidade qualquer
Que se aponte no poema
Posto que é vida elevada
Pelo som dos fonemas

Seja de qualquer maneira
Seja de qualquer formação
Poesia, expressão escrita da beleza,
Inútil para quem não tem coração.

- editoraletramento
- editoraletramento.com.br
- editoraletramento
- company/grupoeditorialletramento
- grupoletramento
- contato@editoraletramento.com.br
- editoraletramento

- editoracasadodireito.com.br
- casadodireitoed
- casadodireito
- casadodireito@editoraletramento.com.br